Wie bitte?

A beginners' course in German on BBC Television

Book 1
Programmes 1 - 10

Language teaching adviser
ANTONY PECK

Drama scriptwriter
MILO SPERBER

Producer
DAVID HARGREAVES

Programmes first broadcast in October 1969.
Re-broadcast on BBC–1 on Sundays at 9.30 a.m.
beginning 3rd October 1971. Repeated the
following Saturday at 10.00 a.m.

A set of three 12in mono long-playing records to
accompany this series is available, (recommended price
£1.24½ each record, including purchase tax). They can
be ordered through booksellers or by sending a crossed
cheque or postal order for £1.36 each record, to include
postage and packing, to BBC Publications, London W1A 1AR.

CONTENTS

Introduction

Pronunciation

Wie bitte?

The language series **Wie bitte?** consists of thirty television programmes, three booklets and three gramophone records. To make the best use of your time, first watch the television programmes, and then study the dialogues in the booklets, learn the vocabulary and do the exercises, using the records to check your pronunciation. Finally, see the repeat of the television programmes later in the week.

In German many words require a particular ending. Some words can have many different endings and we could quite easily spend the whole of this series teaching you the endings of words. Instead, we've decided not to pay too much attention to these endings and to concentrate on teaching you how to produce a range of sentences which will meet your needs when you want to communicate with native speakers of German. You'll be able to communicate far more fluently than if you'd spent the bulk of your time practising the endings. If you make mistakes with word endings you'll still be understood. Germans are pleased when English people try to speak German and they'll excuse your errors.

In each programme we're devoting the last five minutes to developing your **understanding** of German by playing a scene in which the spoken German is more advanced. Everyone can understand more of a language than he can speak. You've got to get used to following the drift of what's said even if you don't know all the words being used. After you've seen the programme once, if you want to look up the essential words from each of these more advanced scenes, you'll find them in a key at the back of this book. **Don't** look up the words before you see the programme the first time.

How to use this booklet

Master sentences. In the booklets we show you how you can construct sentences. Each programme contains a number of master sentences which are intended to be used for a particular purpose — e.g. asking for information, arranging to meet somebody. The box diagrams divide the master sentences up into columns. Some of the columns contain words which are permanent —i.e. included every time you want to use the sentence for a particular purpose. These words are shown in heavy type. The remaining columns contain words which you can change to make other similar sentences. They're shown in light type.

Exercises: how to use the box diagrams.
1 Make up your own sentences by using the words printed underneath the diagram in the changeable parts of the master sentence.
2 Construct your sentence by selecting one element from each column.
3 It is important to know the meaning of all the words in the box diagrams otherwise you risk speaking nonsense.
4 **Speak aloud** all the sentences you construct.
5 Once you have seen how each exercise works, try to form both the question and the answer **without looking at** the master sentences. Use the book for checking what you have said.

PRONUNCIATION

Against the German sounds we've set out below similar sounds from English words. However, these are only approximations. The best way for you to perfect your pronunciation is to watch the programmes and listen to the gramophone records.

Vowels

a	(short)	(danke)	bunker
a	(long)	(Tag)	father
e	(short)	(Herr)	pet
e	(long)	(Tee)	fey
i	(short)	(bitte)	bit
ie	(long)	(hier)	here
o	(short)	(Koffer)	coffer
o	(long)	(wohne)	groan
u	(short)	(und)	pull
u	(long)	(guten Tag)	moot

umlauts (¨)

ä	(short)	(Äpfel)	peck
ä	(long)	(spät)	late
ö	(short)	(Streichhölzer)	cur
ö	(long)	(schön)	turn
ü	(short)	(hübsch)	pout lips and without moving them say short 'i'
ü	(long)	(Bücher)	pout lips and without moving them say 'ee'
ei		(nein)	mine
au		(Frau)	howl
eu⎱		(heute)	coy
äu⎰		(Fräulein)	

Consonants

These are the main differences from English:

j	(ja)	is pronounced like	y
r	(Frau)	is made at the back of the mouth when it comes at the beginning or middle of a word.	
v	(von)	is pronounced like	f
w	(wieder)	is pronounced like	v
z	(Zimmer)	is pronounced like	ts

After a, o, u, au:

ch	(Bach)	is pronounced like	ch as in the Scottish 'loch'

Anywhere else:

ch	(ich)	is pronounced like	h in 'huge'
sch	(schön)	is pronounced like	sh
sp	(spät)	is pronounced like	shp
st	(Stein)	is pronounced like	sht

s before vowels (Sie) has a buzzing sound like z as in 'zoo'.
Before consonants (ist) and at the end of words (Rathaus) it is like the English s as in 'house'.

4

ß

You will often see in Germany the letter ß (e.g. **Straße**). This is equivalent to ss, and it is pronounced as the English ss.

As the last letter in a word:

b	**(ab)**	is pronounced like	p
d	**(Hand)**	is pronounced like	t

After 'i'

g	**(hungrig)**	is pronounced like	ch as in the Scottish 'loch'

1-Eins

Questions and answers

SCENE A

The flat of Peter Hennings, a young journalist. The telephone rings.

Peter   (Answering) **Hennings. Hier ist Peter Hennings. Nein, nein. Bremen? Nein, Hamburg. Hier ist Hamburg. Hamburg!**
(Puts down receiver. There's a noise from the landing. Peter goes out)
Was ist das?
(A removal man is standing wearily by a large trunk)

Man   Das ist der Koffer.

Peter   Der Koffer?
(Dr. Walter Steinle, retired teacher, appears from another flat)

Steinle   Ja, was ist das?

Man   Das ist der Koffer.

Steinle   Der Koffer?

Man   Er ist schwer. (Looks at delivery form) **Für Fräulein Schröder.**

Peter   Fräulein Schröder?
(Frau Kranz, the landlady, comes upstairs)

Frau Kranz   Guten Tag, Herr Doktor! Guten Tag, Herr Hennings!

Peter   Guten Tag, Frau Kranz!

Steinle   Guten Tag!

Frau Kranz   Das ist der Koffer für Fräulein Schröder.

Steinle   Kommt sie heute?

Frau Kranz   Ja, Fräulein Schröder kommt heute.

Peter   Ach ja!

Frau Kranz   Jawohl. (She opens the door to another flat) **Hier hinein bitte.**
(The removal man tries to lift the trunk)

Frau Kranz   Der Koffer ist schwer, nicht?

Man   Ja! (He lifts the trunk helped by Peter)

Frau Kranz   (Pointing) **Hier hinein bitte!**

Steinle   Fräulein Schröder studiert, nicht?

Frau Kranz   Ja, ja. Sie studiert.

Peter   Ist sie nett?

Frau Kranz   Ja, sie ist nett.

Peter   Ist sie sexy?

Frau Kranz   Herr Hennings!

Steinle   Sie ist intelligent!

Words and Phrases

hier ist	this is
nein	no
was ist das?	what's that?
das ist . . .	that is . . .
der Koffer	the trunk, case
er (der Koffer) ist . . .	it (the trunk) is . . .

schwer	heavy
für	for
Fräulein Schröder	Miss Schröder
guten Tag	hello
Herr Doktor	Doctor
	(Doctor in this case does not mean doctor of medicine. In Germany anyone with a doctor's degree, e.g. doctor of philosophy, doctor of law, would be addressed in this way)
kommt sie heute?	is she coming today?
ach ja!	oh yes!
jawohl	yes indeed
hier hinein bitte!	in there please!
der Koffer ist schwer, nicht?	the trunk is heavy, isn't it?
sie studiert	she's a student
nett	nice

SCENE B

An art gallery. Dr. Steinle approaches a piece of sculpture.

Steinle Was ist das? (Consults catalogue) ,Mann und Frau'. Hm. ,Mann und Frau'.

(A young couple stop in front of the sculpture)

Young man Interessant, sehr interessant!

Girl O ja! Es ist sehr interessant, nicht? Was ist das?

Young man (Checks in catalogue) ,Das Telefon'.

Girl Aha! ,Das Telefon'. Ach ja, das Telefon. Sehr schön!

Young man Ja, nicht? Ja. Ja. Ja, nicht?

Steinle Entschuldigen Sie! Das ist ,Mann und Frau'. (Points to another sculpture) Das ist , Das Telefon'.

Girl Ja, Paul? Ist das ,Das Telefon'?

Young man (Looks up from catalogue) Ja.

Steinle (Indicates outlines) Das ist der Mann, nicht? Und das ist die Frau.

Girl Ist das die Frau? Und ist das der Mann?

Steinle Nein, das ist der Mann, und das ist die Frau!

Young man Ja, das ist der Mann!

Words and Phrases

der Mann	the man
und	and
die Frau	the woman
interessant	interesting
sehr	very
es	it
das Telefon	the telephone
sehr schön	very nice, very beautiful
ja, nicht?	yes, isn't it?
entschuldigen Sie	excuse me

7

SCENE C

Dr. Steinle in a café.

Waitress	(Brings him a cup of tea) **Der Tee, Herr Doktor.**
Steinle	Danke. (Tastes it, makes a face) **Fräulein! Fräulein!**
Waitress	**Ja bitte?**
Steinle	**Was ist das? Was ist das?**
Waitress	**Das? Das ist Tee.**
Steinle	**Das ist Tee? Das ist Tee?**
Waitress	**Jawohl, Herr Doktor, das ist Tee.**
Steinle	**Eine Tasse Kaffee, bitte.**

Words and Phrases

der Tee	the tea
danke	thank you
Fräulein!	waitress!
ja bitte?	what can I do for you?
eine Tasse Kaffee	a cup of coffee

EXPLANATIONS

How to form a question

In the programme you heard four ways of asking a question:

1 by a questioning tone of voice:

der Koffer?   the trunk?

2 by using a question-word, e.g. **was?** (what?):

Was ist das?   What's that?

3 by adding **nicht?** to the end of a statement:

Der Koffer ist schwer, nicht?
The trunk is heavy, isn't it?
Fräulein Schröder studiert, nicht?
Miss Schröder is a student, isn't she?

Nicht at the end of a question stands for **isn't it? aren't they? doesn't she? don't we?** etc. You use it when you expect people to agree with what you're saying.

4 by putting the verb at the beginning of a sentence:

Kommt sie heute?	Is she coming today?
Ist sie nett?	Is she nice?
Ist das der Mann?	Is that the man?

Statements

1 Using **der, die, das** (the)

	der Mann	That's the man
Das ist	**die** Frau	That's the woman
	das Telefon	That's the telephone

8

In all these sentences **das ist** is followed by **der, die,** or **das** and a noun. When you learn a noun you must learn which of the 3 words for 'the' goes with it. With the plural form of nouns the word for 'the' is always **die**.

2 Not using **der, die, das**

For instance in statements about persons, places and substances. When the English 'the' doesn't appear in a statement, **der, die,** or **das** doesn't appear in German either.

Das	ist	Peter Hennings
		Hamburg
		Kaffee
Hier		Tee

3 Using **er, sie, es** (he, she, it)

Er ist intelligent	He is intelligent
Sie ist nett	She's nice
Es ist schön	It is beautiful

The German word for 'it' can either be **er** or **sie** or **es**. This depends on whether 'it' refers to a **die**-word, a **die**-word or a **das**-word.

'it' for **der**-words	= **er**
die-words	= **sie**
das-words	= **es**

Er ist schwer (referring to **der Koffer**)	It is heavy
Sie ist schön (referring to **die Rose**)	It is beautiful
Es ist schwarz (referring to **das Telefon**)	It is black

PRACTICE

In addition to watching the programmes, reading the scenes, and listening to the record, you should try the exercises in this book. These exercises are designed so that you can practise speaking German. You'll find it helpful to read the general notes at the front of the book.

Exercise 1

In this exercise you can make up questions and answers about the various Hamburg landmarks shown on the opposite page. The possible questions are on the left, the possible answers on the right. Make sure you know the meaning of the words. The second question and answer are designed to follow the first.

e.g. 1	Was ist das?	Das ist das Bismarck–Denkmal
2	Ist es gross?	
	Es ist gross, nicht?	Ja, es ist gross

On the following page are some examples of the sort of sentences possible — make up similar sentences using the 6 pictures.

1

Was ist das?

Das ist	der Flughafen (airport)
	die Kennedy Brücke (Kennedy Bridge)
	das Museum

2

Ist	er sie es	hoch gross klein lang kurz	(high) (big) (small) (long) (short)

?

Ja, Nein,	er sie es	ist	hoch gross klein lang kurz

OR

Er Sie Es	ist	hoch, gross, klein, lang, kurz,	nicht?

Ja, Nein,	er sie es	ist	gross klein lang kurz

die Michaeliskirche
der Fernsehturm
der Hauptbahnhof
die Mönckebergstrasse
das Bismarck-Denkmal
das Rathaus

2

4

6

11

2-Zwei

How to say *my, your*
How to say someone or something is *not* . . .

SCENE A

	Brigitte's flat.
Brigitte	(Looking for handbag) **Meine Tasche? Meine Tasche? Meine Tasche! Hier ist die Tasche. Und mein Portemonnaie? Da ist mein Portemonnaie.**
	(Telephone rings)
	Hallo? Ach, du! Gut, sehr gut, danke. Nein, nein, mein Liebe Was? Mein Problem? Nein. Ich studiere, ich studiere jetzt. Nein nein, nein!
	(Puts down receiver)
	Tasche, Portemonnaie, (looks into purse) **Geld.** (Remembers **Mein Schlüssel!**
	(The hall: Peter picks up letters)
Peter	**Die Post ist da. Die Post ist da. Herrn Dr. Walter Steinle. Herrn Dr. Walter Steinle. Dr. Steinle. Herrn Peter Hennings.** (Open envelope) **Mein Pass.** (Sorts letters into piles) **Fräulein Schröder Post. Herrn Dr. Steinles Post. Und das? Herrn Peter Henning** (Opens it) **,Mein lieber Peter!'**
	(Brigitte appears)
Brigitte	**Guten Morgen, Herr Hennings!**
Peter	**Guten Morgen!**
Brigitte	**Post?**
Peter	**Ja. Hier ist Ihre Post.** (Hands over pile)
Brigitte	**Danke.** (Reads addresses) **Herrn Peter Hennings. Herrn Peter Hennings. Herrn Peter Hennings. Meine Briefe, Herr Hennings Ihre Briefe! Das sind Ihre Briefe.** (They exchange piles of letters Brigitte drops her key)
Peter	**Ihr Schlüssel!** (Picks it up for her)
Brigitte	**Danke.** (Puts key in handbag)
Peter	(Points to still open handbag) **Vorsicht, Fräulein Schröder Ihre Tasche!**
Brigitte	**Ach so, ja! Auf Wiedersehen!**

Words and Phrases

mein(e)	my
Ihr(e)	your
meine Tasche (die)	my handbag
Ihre Tasche	your handbag
mein Portemonnaie (das)	my purse
Ihr Portemonnaie	your purse
da	there
du	you
	(used to family or close friends)

1

gut	good, well
mein Problem (das)	my problem
ich	I
ich studiere	I'm a student
jetzt	now
mein Geld (das)	my money
mein Schlüssel (der)	my key
Ihr Schlüssel	your key
Post (die)	post, mail
Herrn	Mr. (used when addressing letters)
mein Pass (der)	my passport
Fräulein Schröders Post	Miss Schröder's mail
mein lieber Peter	my dear Peter
guten Morgen	good morning
Ihre Briefe (plural)	your letters
meine Briefe	my letters
Vorsicht!	lòok out! be careful!
auf Wiedersehen	good bye

SCENE B

On the street a crowd is gathered round a street vendor.

Vendor (Produces object covered by a cloth) **Nun, meine Damen und Herren. Was habe ich hier? Was ist das? Was ist das? Nun? Was ist das? Keine Antwort? Was? Was? Ja, der Herr?**

Voice **Ein Radio!**

Vendor **Nein, das ist kein Radio.**

Voice **Eine Lampe!**

Vendor **Nein, das ist keine Lampe. Bitte . . .**

Voice **Ein Elefant!**

Vendor **Nein, das ist kein Elefant. Das ist kein Radio. Keine Lampe. Kein Elefant! Das ist . . .** (removing cloth).

Voice **Eine Kaffeekanne!**

Vendor **Eine Kaffeekanne. Richtig, Herr Professor! Der Herr ist sehr intelligent. Kommen Sie bitte näher!** (Directing the crowd with his hands) **Moment, Moment. Bitte, Fräulein, kommen Sie, kommen Sie bitte näher.** (Young woman comes nearer) **Ja. So ist es schön. Die Kaffeekanne, meine Damen und Herren, die Kaffeekanne ist nicht aus Gold . . .**

Voice **Sie ist aus Glas!**

Vendor **Sie ist nicht aus Glas! Sie ist aus . . .**

Voice **Sie ist aus Aluminium.**

Vendor **Aluminium? Mein Herr, sie ist nicht aus Aluminium! Sie ist nicht aus Glas. Sie ist nicht aus Gold. Sie ist aus Silber, meine Damen und Herren. Und die Form? Die Form ist schön. Elegant. Keine Frau ist so elegant. Meine Frau, meine Frau ist . . .**

Voice **Dick!**

Vendor **Nein, mein Herr! Meine Frau ist nicht dick, nein . . .**

Voice **Dünn!**

Vendor **Nein, mein Herr, meine Frau ist . . . ist . . . ist nicht . . . eh . . . nicht dünn, nein. Sie ist . . .** (Fade)

13

Words and Phrases

nun	well
meine Damen und Herren	ladies and gentlemen
was habe ich hier?	what have I got here?
keine Antwort	no answer
ein(e)	a
kein Radio (das)	not a radio
keine Lampe (die)	not a lamp
kein Elefant (der)	not an elephant
eine Kaffeekanne (die)	a coffee pot
richtig	right
Sie	you
kommen Sie bitte näher	come closer please
Moment!	just a moment!
so ist es schön	that's right
nicht aus Gold (das)	not made of gold
nicht aus Glas (das)	not made of glass
nicht aus Aluminium (das)	not made of aluminium
aus Silber (das)	made of silver
Form (die)	shape
Frau (die)	woman, wife
dick	fat
dünn	thin

EXPLANATIONS

How to say *my, your.*

In German the words for 'my', 'your', etc., change slightly depending on whether you are speaking about a **der**-word, a **die**-word or a **das**-word. We'll refer to this as 'agreement'. In the examples in the programme the changes are of only one letter. The diagram shows the pattern of agreement.

My			
	mein	Pass	(der-word)
		Geld	(das-word)
	meine	Tasche	(die-word)
		Briefe	(plural)

Your			
	Ihr	Schlüssel	(der-word)
		Portemonnaie	(das-word)
	Ihre	Tasche	(die-word)
		Briefe	(plural)

mein(e)	my	
Ihr(e)	your	
dein(e)	your (only used to family and close friends)	
sein(e)	his	
ihr(e)	her	
unser(e)	our	

The word for *a*

In German the word for 'a' or 'an' is **ein(e)**. Again, the ending depends on whether you are speaking about a **der**-word, a **die**-word, or a **das**-word.

ein	Elefant	(der-word)
	Radio	(das-word)
eine	Lampe	(die-word)

How to say someone or something is *not* . . .

) If you want to say something is not a radio, or not a lamp, the word to use is **kein(e)**. The word **kein(e)** 'agrees' with the **der**-word, the **die**-word or the **das**-word.

Das ist	**kein**	Elefant (der)
		Radio (das)
	keine	Lampe (die)

) If you just want to say something is *not* . . . , you use the word **nicht**.

Meine Frau	ist **nicht**	dick
Sie		dünn
		intelligent

Die Kaffeekanne	ist **nicht** aus	Glas
Sie		Aluminium
		Silber

PRACTICE

You'll find it helpful to read the general notes at the front of this book.

Exercise 1 QUESTIONS

		Pass (der)
	Ihr	Geld (das)
Ist das		
	Ihre	Tasche (die)

Sind das	Ihre	Briefe (plural)

Useful words for practising this exercise:

der	**die**		**das**	
Kugelschreiber biro	**Zeitung**	newspaper	**Taschentuch** handkerchief	
Hut hat	**Armbanduhr** wristwatch		**Buch**	book

Plural
Zigaretten cigarettes   **Streichhölzer** matches

Exercise 2 QUESTIONS

		Mann	schön
	Ihr	Vater	intelligent
Ist			dick
	Ihre	Frau	dünn
		Mutter	

Useful words for practising this exercise:

der		**die**		**Adjectives**	
Sohn	son	**Tochter**	daughter	**elegant**	elegant
Bruder	brother	**Schwester**	sister	**schlank**	slim
Vater	father	**Mutter**	mother	**alt**	old
Mann	husband			**jung**	young

16

ANSWERS

Ja, das ist	mein	Pass (der)
Nein, das ist nicht		Geld (das)
	meine	Tasche (die)

| Ja, das sind | meine | Briefe (plural) |
| Nein, das sind nicht | | |

ANSWERS

	mein ⎱ Mann			schön
	⎰ Vater			
Ja,	er		ist	intelligent
Nein,	meine ⎱ Frau		ist nicht	dick
	⎰ Mutter			
	sie			dünn

Exercise 3
This makes use of the drawings on this and the opposite page.

QUESTIONS

Ist das	ein	
	eine	

?

Das ist	ein		nicht ?
	eine		

ANSWERS

Nein, das ist	kein	
	keine	

Ja, das ist	ein	
	eine	

ein Plus?
ein Minus?

ein Amerikaner? American?
ein Russe? Russian?

18

ein **Vergnügen**? pleasure?
eine **Anstrengung**? strain?

ein **Favorit**? favourite?
ein **Aussenseiter**? outsider?

eine **Frucht**? fruit?
ein **Gemüse**? vegetable?

ein **Tor**? goal?

3-Drei

How to ask where something or someone is

How to ask where you can get things

SCENE A

A market place. A group of people around a 'Find the Lady' game. The player plays on an upturned suitcase. Brigitte and Peter join the group.

Player He, Sie da . . . Sie! He . . . Sie da!

Peter (Uncertainly) . . . Wir?

Player Ja, Sie!

Peter (To Brigitte) Fräulein Schröder, es ist alles Schwindel!

Brigitte Ich probiere es! (To player) Ja, wir probieren es.

Peter Fräulein Schröder. Es ist Schwindel! Wir gehen!

Brigitte (To Peter) Nein, ich gehe nicht! (To player) Zwei Mark! (Searching in her bag) Wo ist mein Geld? Ah, hier! Hier sind zwei Mark, bitte. (Puts coins on suitcase)

Player (To Brigitte) Wo ist die Königin? (He plays) Hm! Wo ist sie?

Brigitte Hm . . .hm. Rechts. (Points)
(Player turns up queen on left)

Player Nein, links. (He pockets the two marks)

Brigitte (Puts two more coins on the suitcase) Zwei Mark!

Player (Plays again) Wo ist die Königin? Na, wo ist sie, Fräulein? Wo ist sie?

Brigitte (Pointing) Links!
(The queen *is* on the left)

Player Ja . . . links. (He gives her two marks)

Peter Wir gehen! (Taking her arm) Kommen Sie?

Brigitte (Excited) Vier Mark! (Hunts for money)

Player Na, wo sind die vier Mark?

Brigitte Hier sind sie. (Places coins on case)

Player (Plays) Na Fräulein! Wo ist die Königin? Wo ist sie?

Brigitte Hm, ja . . . ich . . . also . . .

Player Wo ist sie?

Brigitte Rechts. Nein! In der Mitte.
(The queen is on the right)

Player Nein! Rechts! (He takes four marks)

Peter Fräulein Schröder, Sie sind verrückt! (Brigitte takes out a bundle of notes, peels off a ten-mark note and puts it on the case)

Peter Sie sind ja verrückt!

Brigitte Zehn Mark!

Player Zehn Mark, meine Dame!
(Business as before)

Player Wo ist die Königin?

Brigitte Rechts!
(Queen *is* on the right)

Player Ja . . . Rechts. (Brigitte collects ten marks)

Brigitte	(To Peter) **Also, ich bin verrückt, was?** (Looks at watch) **Schon so spät! Gehen wir!**
	(They leave)
Player	**Schwindel! Schwindel!**

Words and Phrases

wir	we
alles Schwindel	it's all a swindle
ich probiere es	I'll have a try
wir probieren es	we'll have a try
wir gehen	let's go
ich gehe nicht	I'm not going
zwei Mark	two marks
wo ist?	where is?
Königin (die)	queen
rechts	on the right
links	on the left
kommen Sie?	are you coming?
vier	four
also	well
in der Mitte	in the middle
wo sind?	where are?
Sie sind verrückt	you're mad, you're crazy
zehn	ten
meine Dame	madam
ich bin	I am
schon so spät!	is it that late?

SCENE B

On the street.

Brigitte	Wo bekomme ich hier Schallplatten? Ach ja, und wo bekomme ich Briefmarken?
Peter	(Laughing) Briefmarken bekommen Sie auf der Post, nicht?
Brigitte	Ja, aber wo ist hier in der Nähe eine Post? Und wo ist hier ein Kaufhaus?
Peter	Ein Kaufhaus? Und eine Post?... Ja... in der Mönckeberg-strasse.
Brigitte	Und wo bekomme ich englische Zeitungen?
Peter	Englische Zeitungen? Englische Zeitungen bekommen Sie im Hauptbahnhof. Im Hauptbahnhof bekommen Sie alles!
Brigitte	Ist das weit?
Peter	Ja... ja es ist weit.
Brigitte	Wo ist hier die Strassenbahnhaltestelle?
Peter	Erst links, dann rechts, dann wieder links...
Brigitte	Links, dann rechts... hm... (Tries to follow his directions,sees passing taxi, hails it) Taxi! Taxi! Wiedersehen Herr Hennings!
Peter	Wiedersehen!

Words and Phrases

wo bekomme ich . . . ?	where can I get . . . ?
Schallplatten (plural)	records
Briefmarken (plural)	stamps
. . . bekommen Sie	you can get . . .
auf der Post	at the post-office
in der Nähe	nearby
(die) Post	post-office
(das) Kaufhaus	department store
englische Zeitungen	English newspapers
im Hauptbahnhof	in the main station
alles	everything
weit	far
(die) Strassenbahn	tram
(die) Haltestelle	tram or bus stop
erst links, dann rechts	first left, then right
wieder	again
(das) Taxi	taxi

Explanations—see top of facing page.

PRACTICE

You'll find it helpful to read the general notes at the front of the book.

Exercise 1

Practise asking where things are. In the answer be careful only to use combinations of words which make sense.

QUESTIONS

Wo	ist	das Telefon
		die Haltestelle
		das Kaufhaus
	sind	die Zigaretten

EXPLANATIONS

How to ask where something or someone is

Wo	ist	die Königin	?
	sind (are)	die vier Mark	

How to ask where you can get things

Wo bekomme ich	englische Zeitungen	?
	Briefmarken	

ANSWERS

Das Telefon		hier links
Die Haltestelle	ist	hier rechts
Das Kaufhaus		hier
Die Zigaretten	sind	dort

Useful words for practising this exercise:

die Toiletten	the toilets	dort drüben	over there
die Kasse	cash desk	draussen	outside
eine Bank	a bank	dort entlang	along there
Or the names of people		oben	upstairs, up here
Or the words from Chapter 2		unten	downstairs, down there

Exercise 2

Practise asking where you can buy things in a department store — use the plan below.

QUESTION   e.g.

Wo bekomme ich hier	Zigaretten?

ANSWER

Zigaretten	bekommen Sie	im ersten Stock, links

Useful words for practising this exercise:

Ansichtskarten	postcards
Rasierklingen	razor blades
Zahnpasta	toothpaste
Andenken	souvenirs
Handtaschen	handbags
Parfum	perfume
Wein	wine
da vorn	there at the front
dort hinten	there at the back
im Erdgeschoss	on the ground floor
im ersten Stock	on the first floor

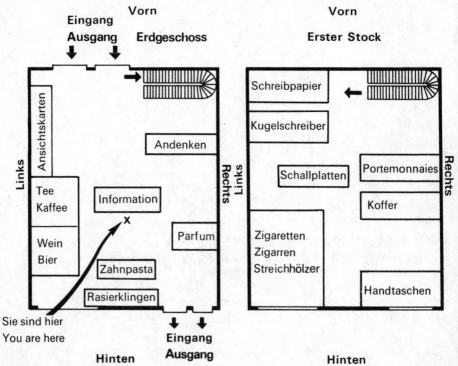

24

4-Vier

How to ask where there's a . . .

How to ask the way

SCENE A

Brigitte's flat. Brigitte is doing her morning exercises to instructions on the radio.

Radio Voice Rechts, links, rechts, links! Beine hoch, hoch, hoch! Runter! Hoch! Runter! Hoch! Und eins und zwei und drei und vier . . .

Peter (In corridor, echoing) Und eins und zwei und drei und vier . . . Guten Morgen!

(Brigitte stops exercises and starts to dress)

(A street. Brigitte stands on the corner looking lost. A man approaches.)

Brigitte Entschuldigen Sie . . .

Man Ja bitte, Fräulein?

Brigitte Wo gibt es hier in der Nähe ein Café?

Man Wo gibt es hier in der Nähe ein Café?

Brigitte Ja, ein Café!

Man Dort drüben gibt es einen Bierkeller. Und in der Königstrasse gibt es eine Kneipe! Sie gehen die Parkstrasse entlang, dann um die Ecke, dann erste Strasse links. Da ist die Königstrasse. Und dort ist die Kneipe.

Brigitte Keine Kneipe, ein Café!

Man Warten Sie, warten Sie! Keine Kneipe, ein Café! Hier in der Nähe? Hm. Es gibt hier in der Nähe eine sehr gute Weinstube. In der Domstrasse. Geradeaus, dann zweite Strasse rechts, dann wieder rechts . . .

Brigitte Keine Weinstube! Ein Café!

Man In der Domstrasse ein Café? Nein, Fräulein, dort gibt es eine Weinstube. Prima Weine. Prima.

Brigitte (Annoyed) Nein, keine Weinstube! Wo gibt es hier in der Nähe ein Café — oder eine Milchbar?

Man Eine Milchbar?

Brigitte Ja, wo gibt es hier in der Nähe eine Milchbar?

Man Milchbar? Sie trinken Milch? Milch!

Words and Phrases

Beine (plural)	legs
hoch	up
runter	down
wo gibt es hier in der Nähe . . .?	where is there a . . . around here?
(das) Café	café
oder	or
dort drüben	over there
(der) Bierkeller	bar

25

(die) Kneipe	pub
(die) Strasse	street, road
in der Königstrasse	in the Königstrasse
Sie gehen	you go
die Parkstrasse entlang	along the Parkstrasse
um die Ecke	around the corner
erste Strasse links	first left
warten Sie!	wait
(die) Weinstube	wine bar
eine sehr gute Weinstube	a very good wine bar
zweite Strasse rechts	second turning on the right
prima	superb, marvellous
Weine (plural)	wines
(die) Milchbar	milk bar
Sie trinken Milch?	you drink milk?
(die) Milch	milk

SCENE B

Another street. Brigitte stops woman passer-by

Brigitte Entschuldigen Sie, wie komme ich zur Rathausstrasse?

Woman Wie bitte?

Brigitte Wie komme ich zur Rathausstrasse?

Woman Zur Rathausstrasse? Zum Rathausmarkt!

Brigitte Ach so . . . ja, Rathausmarkt!

Woman Ja . . . also . . . die Strassenbahnhaltestelle ist. . . .

Brigitte Ich gehe zu Fuss. Ich fahre nicht mit der Strassenbahn.

Woman Sie fahren nicht mit der Strassenbahn . . . zu Fuss . . . Ja . . . also — zum Rathausmarkt. (Uncertainly) Sie gehen hier geradeaus, die Strasse entlang, nicht? Und dann . . . (Woman stops young man passing by) Hallo, junger Mann!

Brigitte Wie komme ich zum Rathausmarkt?

Young man Sie fahren mit der Strassenbahn direkt zum Rathaus.

Woman Nein, zu Fuss bitte!

Young man Zu Fuss?

(Woman leaves)

Brigitte Ja bitte . . . Wie komme ich zu Fuss zum Rathaus?

Young man Es ist nicht sehr weit . . . (Thinks) Sie gehen die Strasse entlang, dann nehmen Sie die erste, nein die zweite, nein die dritte Strasse links, dort ist ein Café. Wissen Sie was, ich habe eine Idee: ich komme mit.

Brigitte Vielen Dank, ich gehe lieber allein.

Young man Schade!

Brigitte Also zum Rathaus . . . Ich gehe die Strasse entlang, dann die dritte Strasse links . . . Café. Danke.

Young man Fräulein, sind Sie . . . sind Sie nicht . . . ?

Brigitte Sophia Loren?

Young man Nein, nein, nicht Sophia Loren! Anneli!

Brigitte (Looks blank) Anneli?

Young man Ja, der Popstar.

Brigitte Anneli? Ein Popstar? Das ist kein Kompliment!

(Walks off)

Young man Schade!

Words and Phrases

wie komme ich zur Rathausstrasse?	how do I get to the Rathausstrasse?
zum Rathausmarkt (der)	to the Rathausmarkt
ich gehe zu Fuss	I'm going on foot
ich fahre nicht mit der Strassenbahn	I'm not going by tram
Sie fahren nicht mit der Strassenbahn	you're not going by tram
geradeaus	straight on
junger Mann	young man
direkt zum Rathaus (das)	straight to the town-hall
dann nehmen Sie . . .	then you take . . .
die dritte Strasse	the third street
wissen Sie was?	do you know what?
ich habe eine Idee	I have an idea
ich komme mit	I'll come with you
vielen Dank	thank you very much
ich gehe lieber allein	I'd rather go alone
schade!	that's a pity
(das) Kompliment	compliment

EXPLANATIONS

How to ask where there's a . . .

Wo gibt es hier in der Nähe	ein Café eine Milchbar einen Bierkeller*	**?**

* **Bierkeller** is a **der**-word. If you use a **der**-word here **ein** changes to **einen**.

In der Königstrasse	**gibt es**	ein Café eine Milchbar einen Bierkeller

How to ask the way

Wie komme ich	**zum**	Rathausmarkt Rathaus	**?**
	zur	Rathausstrasse	

N.B. **Zum** (to the) is used with **der**-words and **das**-words
Zur (to the) is used with **die**-words

Sie nehmen	die erste Strasse die zweite Strasse die dritte Strasse	links rechts

| Sie | **gehen**
(walk) | hier geradeaus |
| | **fahren**
(go e.g. by car or
public transport) | hier entlang |

PRACTICE

Exercise 1
Practise asking where you can find different sorts of shops/cafés etc.

QUESTIONS

	ein Café
Wo gibt es hier in der Nähe	eine Milchbar
	eine Weinstube
	einen Bierkeller

Useful words for practising this exercise:

eine Tankstelle	petrol station
ein Kaufhaus	store
eine Post	post-office
eine Bank	bank
einen Feinkostladen	grocer's

Exercise 2   QUESTIONS

	zum	Hauptbahnhof, Rathaus,	
Wie komme ich			bitte
	zur	Post,	

Practise asking the way (using the map on page 30 to work out the answers).
Start by indicating where you are on the map.

ANSWERS

Dort drüben		ein Café
In der Königstrasse		eine Milchbar
Um die Ecke	gibt es	eine Weinstube
Hier links		einen Bierkeller
Hier rechts		

einen Zeitungskiosk	newspaper kiosk
einen Supermarkt	supermarket
an der Ecke	at the corner
gegenüber	opposite
ganz am Ende	right at the end
ganz in der Nähe	just near here

ANSWERS

	gehen	die Strasse entlang
Sie	-------------	hier geradeaus
	fahren	hier entlang

R

Sie nehmen	die erste Strasse	links
	die zweite Strasse	rechts
	die dritte Strasse	

R

Der Hauptbahnhof		um die Ecke
		an der Ecke
Das Rathaus	ist	Ecke —strasse
		in der —strasse
Die Post		gegenüber
		ganz am Ende

Other useful words for practising this exercise:

die U-Bahn	the underground
der Hafen	the harbour
die Alster	the Alster — lake in Hamburg
der Parkplatz	the car park
hier rechts	to the right here
hier links	to the left here
bis zur—Strasse	as far as—Street

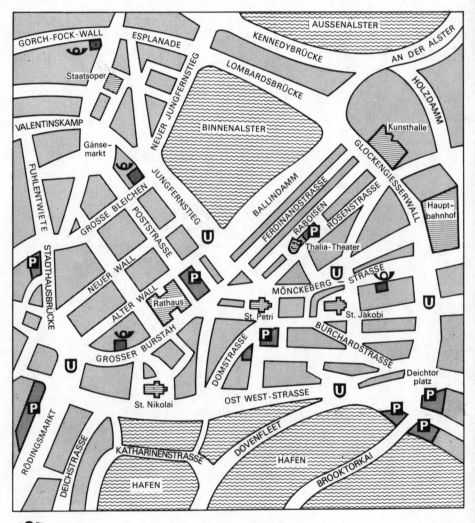

Post
Post office

Parkplatz
Car park

Sehenswürdigkeiten
Places of interest

U-Bahn
Underground

5-Fünf

Greetings and apologies

SCENE A

	Dr. Steinle is working in his room. Brigitte knocks
Steinle	Einen Moment! (Goes to door) Besuch ! Wie nett! Guten Tag, Fräulein Schröder!
Brigitte	Guten Tag, Herr Doktor! — Entschuldigen Sie . . .
Steinle	Kommen Sie bitte herein. (Brigitte enters)
Brigitte	Störe ich nicht? (Noticing papers etc.) Oh, Sie arbeiten?
Steinle	Nein, ich bin fertig.
Brigitte	Störe ich auch wirklich nicht?
Steinle	Im Gegenteil. Eine junge Dame ist immer willkommen.
Brigitte	Danke sehr.
Steinle	Nehmen Sie bitte Platz! Was kann ich Ihnen anbieten?
Brigitte	Danke, nichts. Wie geht es Ihnen?
Steinle	Im Moment sehr gut . . . sehr gut . . . Und Ihnen?
Brigitte	Auch sehr gut. Zigarette?
Steinle	Nein danke. Ich rauche nicht. Aber bitte rauchen Sie. Feuer?
Brigitte	Danke schön.
Steinle	Was macht das Studium?
Brigitte	Es geht sehr gut.
Steinle	Ein kluger Kopf und . . . und ein schönes Gesicht!
Brigitte	Herr Doktor, Sie flirten mit mir.
Steinle	Ich? . . . Ja! Entschuldigung!
Brigitte	Wieso Entschuldigung? Das ist ein Kompliment, Herr Doktor. Übrigens, haben Sie nächsten Sonntag Zeit?
Steinle	Ja, ich habe Sonntag Zeit.
Brigitte	Kommen Sie mit in ein Konzert, Herr Doktor? Ich habe zwei Karten.
Steinle	Ja gern. Natürlich. Vielen Dank, Fräulein Schröder! Und wo ist ihr Freund?
Brigitte	Ich habe keinen Freund . . . nicht in Hamburg!
Steinle	Ach so . . .
Brigitte	(Getting up) Also . . . Entschuldigen Sie die Störung.
Steinle	Störung? Aber ich bitte Sie!
Brigitte	Also Sonntag.
Steinle	Fräulein Schröder. Und das Programm?
Brigitte	Moderne Musik, Herr Doktor.
Steinle	Schön. Strawinsky?
Brigitte	Lennon und McCartney, Herr Dr. Steinle!

Words and Phrases

einen Moment!	just a minute!
Besuch?	a visitor?
wie nett!	how nice
kommen Sie bitte herein!	please come in!

Sie arbeiten	you're working
ich bin fertig	I've finished
wirklich	really
eine junge Dame ist immer willkommen	a young lady is always welcome
danke sehr	thank you very much
danke nichts	nothing thank you
im Moment	at this moment
(die) Zigarette	cigarette
ich rauche nicht	I don't smoke
aber bitte rauchen Sie	but do have a cigarette yourself
Feuer?	a light?
danke schön	thank you very much
ein kluger Kopf und ein schönes Gesicht	a clever head and a pretty face
Sie flirten mit mir	you're flirting with me
wieso?	why?
übrigens	by the way
haben Sie nächsten Sonntag Zeit?	are you free on Sunday?
ich habe . . . Zeit	I am free
natürlich	of course
kommen Sie mit in ein Konzert?	would you like to come to a concert?
Karten (plural)	tickets
ich habe keinen Freund	I haven't got a boy friend
aber ich bitte Sie!	(colloquialism, meaning 'not at all, and similar expressions)
(der) Sonntag	Sunday
(das) Programm	programme
moderne Musik	modern music

Courtesies

guten Tag	hello, good day
entschuldigen Sie	excuse me, sorry
störe ich?	am I disturbing you?
im Gegenteil	on the contrary
nehmen Sie Platz	have a seat
was kann ich Ihnen anbieten?	what can I offer you?
wie geht es Ihnen?	how are you?
es geht mir sehr gut. . . . und Ihnen?	I'm very well. . . . and you?
was macht das Studium?	how are the studies going?
es geht sehr gut	very well
(die) Entschuldigung	sorry
gern	I'd love to
entschuldigen Sie die Störung	sorry to disturb you

Greetings | Replies

Greetings	Replies
Guten Morgen (Good morning)	Guten Morgen
Grüss Gott (Hello — more usual in South Germany and Austria)	Grüss Gott
Gut geschlafen? (Did you sleep well?)	Danke, ja. Nein, leider nicht (Unfortunately not)
Guten Abend (Good evening)	Guten Abend
Gute Nacht (Good night)	Gute Nacht
Schlafen Sie gut (Sleep well)	Danke. Sie auch
Gute Besserung (I hope you'll soon be better)	Danke sehr
Ich gratuliere Ihnen (Congratulations)	Danke schön
Gute Reise (Have a good journey)	Ja, vielen Dank
Kommen Sie gut nach Hause (Safe journey home)	Danke sehr
Alles Gute (All the best)	Danke sehr
Viel Glück (Good luck)	Danke sehr

Apologies | Replies

Apologies	Replies
Verzeihung (Excuse me. I beg your pardon)	
Es tut mir leid (I'm sorry)	Das macht nichts (It doesn't matter)
Das ist mir wirklich peinlich (I really am very sorry)	

When eating

(Wishing someone a pleasant meal)

Mahlzeit!	Mahlzeit!
Guten Appetit!	Guten Appetit!

When drinking

Prost!		Prost!
Prosit!	(Cheers!)	Prosit!
zum Wohl!		zum Wohl!

PRACTICE

Exercise

Devise conversations which call for an exchange of the phrases taught in this lesson — for instance:

> Calling on a friend in the evening
> Joining someone at a table in a restaurant
> Coming down to breakfast in a friend's house

E.g. Meeting an acquaintance on the street

A	Guten Tag
B	Guten Tag
A	Wie geht's?
B	Ganz gut, danke. Und Ihnen?
A	Auch gut, danke.
	etc, etc.

6-Sechs

Can and must

SCENE A

Steinle's flat. Steinle is trying to thread a needle to sew a button on a shirt. Brigitte knocks on door.

Steinle	Ja bitte?
Brigitte	Kann ich hereinkommen, Herr Doktor?
Steinle	Natürlich können Sie hereinkommen. Entschuldigen Sie bitte. Ich nähe einen Knopf an. Bitte nehmen Sie Platz.
Brigitte	(Sits down) Sie können nähen, Herr Doktor?
Steinle	Nun . . . ja . . . ja . . . Ich kann nähen. Nicht gut, aber ich kann nähen, wenn ich muss.
Brigitte	Wirklich?
Steinle	Ja . . . (Starts threading needle) Es ist nicht leicht. So . . . langsam! Nein! Noch einmal! So . . . so . . . langsam . . . ach!
Brigitte	Kann ich Ihnen helfen?
Steinle	Nein, danke. Das mache ich schon. (Takes off his glasses) Ich kann mit der Brille nicht sehen. Ah! So. Jaaaa . . . Nein!
Brigitte	Kann ich es probieren?
Steinle	Ja danke! (Gives her thread and needle)
Brigitte	Einen Moment . . . meine Brille! (Puts her glasses on) Jetzt kann ich sehen. (Takes needle and thread) So . . . eins, zwei, drei. (She threads needle) Bitte, Herr Doktor!
Steinle	Wunderbar! Ich gratuliere. Na, wo ist der Knopf?
Brigitte	Hier ist er. Herr Doktor, kann ich einen Vorschlag machen? Kann ich den Knopf annähen?
Steinle	Nein, nein.
Brigitte	Aber warum nicht? Bitte!
Steinle	Na schön. Vielen Dank. Hier ist das Hemd.
	(Brigitte begins to sew)
Steinle	Sie machen das sehr gut!
Brigitte	Herr Doktor, was ist das da? (Pointing to case)
Steinle	Das da? Eine Klarinette. (Takes out clarinet)
Brigitte	Können Sie Klarinette spielen?
Steinle	Nein, leider nicht.
Brigitte	Ach, ich glaube es nicht!
	(Steinle puts it to his lips, produces horrible sound)
Brigitte	Ich glaube es!

Words and Phrases

kann ich hereinkommen?	can I come in?
natürlich können Sie hereinkommen	of course you can come in
ich nähe einen Knopf an	I'm sewing on a button
Sie können nähen?	you can sew?
ich kann nähen	I can sew
wenn ich muss	if I must
leicht	easy

35

langsam	slow
noch einmal	once again
kann ich Ihnen helfen?	can I help you?
das mache ich schon	I'll manage it
(die) Brille	spectacles
ich kann nicht sehen	I can't see
kann ich es probieren?	can I try?
wunderbar!	splendid!
kann ich einen Vorschlag machen?	can I make a suggestion?
kann ich den Knopf annähen?	can I sew on the button?
(das) Hemd	shirt
Sie machen das sehr gut	you're doing it very well
können Sie Klarinette spielen?	can you play the clarinet?
ich glaube es nicht	I don't believe it

SCENE B

The kitchen.

Peter (Itemising) **Kartoffeln, Salat, Steaks. Was zuerst? Also — Salat! Ich muss den Salat waschen.** (Puts lettuce under tap) **So. Und jetzt eine Zigarette.** (Lights a cigarette)
(Frau Kranz knocks at the door)

Frau Kranz **Kann ich hereinkommen?**

Peter **Aber natürlich, Frau Kranz!**

Frau Kranz **Herr Hennings, was machen Sie denn hier?**

Peter **Ich koche, Frau Kranz.**

Frau Kranz **Sie kochen? Sie sitzen da und rauchen.**

Peter **Ich muss eine Pause machen.**

Frau Kranz **Sie müssen nicht so viel rauchen. Ein junger Mann wie Sie!**
(She goes to the sink)

Frau Kranz **Ja, was ist das?**

Peter **Salat. Ich wasche den Salat.**

Frau Kranz (Laughs) **Die Männer! Wo ist die Schürze, Herr Hennings? Da. Sie müssen immer eine Schürze umbinden.**

Peter **Ja, Frau Kranz. Ich muss immer eine Schürze umbinden.**
(Puts it on, looks at himself and makes a face)

Frau Kranz **Sehr hübsch, Herr Hennings, sehr hübsch! Jetzt der Salat. So wäscht man Salat nicht! Zuerst müssen Sie das machen! Sehen Sie?** (Separates the leaves) **Blatt für Blatt.**

Peter **Aha, Blatt für Blatt.**

Frau Kranz **So! Und dann müssen Sie den Salat waschen. Blatt für Blatt. Der Salat muss sauber sein!**

Peter **So? Ich sehe, ich muss noch viel lernen.**

Frau Kranz **Ja, Herr Hennings, ja, das müssen Sie. Also, dreimal waschen! Sehen Sie? So müssen Sie es machen. Einmal, zweimal, dreimal.**

Peter **Dreimal? Blatt für Blatt? Dreimal?** (He begins to wash the lettuce leaf by leaf)

Frau Kranz **Ich muss jetzt gehen, Herr Hennings. Viel Glück!**

Peter **Danke, Frau Kranz. Vielen Dank!**
(Frau Kranz goes to door, stops in doorway and watches Peter at the sink)

Peter	Ich muss jedes Blatt dreimal waschen? Einmal, zweimal, dreimal ... (Shakes them out over the sink) Blatt für Blatt ...
Frau Kranz	(Shakes her head) Wissen Sie was, Herr Hennings, Sie müssen heiraten!
Peter	(Shocked) Wie bitte?
Frau Kranz	Heiraten! Sie müssen heiraten! (Goes)
Peter	Ich? Ich muss nicht heiraten, ich nicht!

Words and Phrases

(die) Kartoffeln (plural)	potatoes
(der) Salat	lettuce
zuerst	first of all
ich muss den Salat waschen	I must wash the lettuce
was machen Sie?	what are you doing?
ich koche	I'm cooking
Sie kochen?	you're cooking?
Sie sitzen da	you're sitting there
ich muss eine Pause machen	I must take a break
Sie müssen nicht ...	you mustn't ...
Männer (plural)	men
wie Sie	like you
Sie müssen immer eine Schürze umbinden	you must always put an apron on
hübsch	pretty
so wäscht man Salat nicht	you don't wash lettuce like that
Sehen Sie?	you see?
Blatt für Blatt	leaf by leaf
er muss sauber sein	it must be clean
ich sehe	I see
ich muss noch viel lernen	I've got a lot to learn
einmal, zweimal, dreimal	once, twice, three times
jedes Blatt	each leaf
Sie müssen heiraten	you must get married

EXPLANATIONS

1 When you want to talk about ability ('I can play the piano') or to ask permission ('Can I come in?'), you use the German words **kann** and **können**. The verb which follows 'can' — e.g. 'sew', 'help', 'make' — must always go to the end of the sentence, and must always end in -**en**. This is also true for negative sentences — e.g. 'I can't ...'

Examples

Können Sie	nähen	**?**
Can you	sew	

Ja,	**ich kann (nicht)**	**nähen**
Nein,		
	I can (can't)	sew

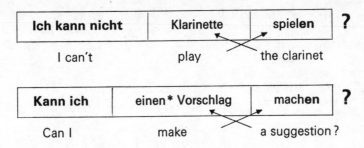

Ich kann nicht	Klarinette	spiel**en**
I can't	play	the clarinet

Kann ich	einen* Vorschlag	mach**en**
Can I	make	a suggestion?

* With **der**-words only.

When you speak about 'making' something e.g. a suggestion
'sewing' something on e.g. the button
'seeing' something e.g. it (the button)

then   ein Vorschlag becomes **einen** Vorschlag
          der Knopf   becomes **den** Knopf
          er   becomes **ihn**

Similarly   Ich wasche **den** Salat
              Ich lese **einen** Brief
              Ich habe **keinen** Hunger

PRACTISE

Exercise 1

QUESTIONS

Useful words for practising this exercise:
      schwimmen swim   **Ski laufen** ski
      Auto fahren drive   **tanzen**   dance

Können Sie	nähen

Exercise 2

Können Sie	Klarinette gut (well)	spielen

Useful words for practising this exercise:
     Klavier   piano
     Fussball   football
     Karten   cards

2 When you talk about what somebody has got to do, you use the German words **muss** and **müssen** to express the English 'must'.
The word saying what it is you must **do** (e.g. learn) goes to the end of the sentence, and always ends in **-en**.

Ich muss (I must) **Sie müssen** (You must)	**lernen** **gehen** **heiraten**	(learn) (go) (marry)

Ich muss **Sie müssen**	eine Pause	**machen**	take a break
	eine Schürze	**umbinden**	put on an apron
	den＊ Salat	**waschen**	wash the lettuce

＊See above

3

Zuerst (first)	**müssen Sie**	das	**machen**	do this
Dann (then)		den Salat	**waschen**	wash the lettuce

If you start these sentences with anything other than **ich muss** or **Sie müssen**, then the word order becomes **muss ich**, or **müssen Sie**

e.g. **Sie müssen heiraten**   **Jetzt müssen Sie heiraten**

ANSWERS   **Exercise 1**

Ja, Nein,	ich kann (nicht)	nähen

Exercise 2

Ja, Nein,	ich kann (nicht)	Klarinette gut	spielen

Exercise 3

No parking   No overtaking   No left turn

QUESTIONS

Ask whether you can park, make a left turn etc.

Kann ich		**halten**	(stop)
		parken	(park)
	hier	**weiterfahren**	(drive on)
		links abbiegen	(turn left)
Können wir		**rechts abbiegen**	(turn right)
(Can we)		**geradeaus fahren**	(drive straight on)
		überholen	(overtake)

QUESTIONS

Exercise 4

Kann ich	**hier rauchen** (smoke here)
Können wir	**hineingehen** (go in)

ght turn   Prohibited for   No stopping
            any vehicles

ANSWERS

			halten
			parken
a,			weiterfahren
	Sie können	hier (nicht)	links abbiegen
Nein,			rechts abbiegen
			geradeaus fahren
			überholen

ANSWERS

Ja,		hier (nicht) rauchen
Nein,	Sie können	(nicht) hineingehen

	verboten	(forbidden)
Nein, es ist	nicht gestattet	(not permitted)
	nicht erlaubt	(not permitted)

In this conversation you can ask what you ought to do in Hamburg, Munich, Cologne etc.

Was muss ich unbedingt (at all costs)	in Hamburg in München in Köln	machen sehen

		einen Stadtbummel (a wander round the town)	machen
Hamburg		eine Stadtrundfahrt (a tour of the city)	
München	müssen Sie	das Rathaus (the town hall)	
Köln		den Fernsehturm (the TV tower)	sehen
		die Oper (the opera)	
uerst		den Zoo (the zoo)	

Special suggestions:

Hamburg	⎰ **den Hafen** the harbour **eine Hafenrundfahrt** a trip round the harbour **St. Pauli und die Reeperbahn** dock and entertainment district
München	⎰ **die Alte Pinakothek** famous Munich art gallery **Schloss Nymphenburg** Nymphenburg castle **das Hofbräuhaus** famous beer hall
Köln	⎰ **eine Rheinfahrt** a trip on the Rhine **den Dom** cathedral

7-Sieben

How to express like and dislike

SCENE A

Brigitte's room. Brigitte has been working. She is distractedly bouncing a ball. Peter knocks at the door. He is carrying a typewriter.

Brigitte Ja! Einen Moment! (She opens the door)

Peter Bitte sehr! (Puts typewriter on table)

Brigitte Vielen Dank, Herr Hennings. Das ist aber wirklich nett von Ihnen.

Peter Gern geschehen! Was machen Sie denn?

Brigitte Ich spiele Ball. Gut für die Nerven, gut für den Kopf und gut für die Figur.

Peter Ist die Arbeit fertig?

Brigitte Für die Universität? Ja, sie ist fertig. Ich muss sie nur noch tippen.

Peter Über Sokrates, nicht?

Brigitte Ja, über Sokrates.

Peter Ja, der alte Sokrates. Sagen Sie, Fräulein Schröder . . .

Brigitte Nennen Sie mich doch Brigitte!

Peter Gern! Brigitte, studieren Sie gern Philosophie?

Brigitte Ja, sehr gern!

Peter Wirklich? (Brigitte throws ball to Peter)

Brigitte Ja, wirklich. Sind Sie gern Journalist, Peter?

Peter Ja, ich glaube schon. Ja, ich bin sehr gern Journalist.

Brigitte Wirklich?

Peter (Reads book titles) Philosophie, Philosophie. Marx, Aristoteles. Lesen Sie das gern?

Brigitte Ja. Und Sie lesen nur Zeitungen, nicht?

Peter Nein, ich lese auch gern Bücher.

Brigitte Auch Bücher?
(Peter throws the ball at Brigitte, she misses it. It knocks over a vase)

Peter Ach! Das tut mir aber leid!

Brigitte Gott sei Dank, nichts passiert! Ich mag diese Vase sehr gern! Sie auch?

Peter Ja, ja, ich mag sie auch gern.

Brigitte Und jetzt . . . was kann ich Ihnen anbieten? Was trinken Sie gern? Bier? Ich habe auch Whisky.

Peter Nein, danke, nichts.

Brigitte Mögen Sie Obst?

Peter Ja, Obst mag ich gern.

Brigitte Ich auch. (Offers him bowl of fruit) Bitte!

Peter (Takes an apple) Danke.

Brigitte (Bites into apple) Ein bisschen sauer.

Peter Ich mag nichts Süsses.

Brigitte (Pointedly) So? . . . Ist Susi nicht süss?
(Awkward pause)

Brigitte Sagen Sie, wo kann ich hier in der Nähe einen Schlips kaufen?

Peter	Einen Schlips? In der Bogenstrasse. Wissen Sie, wo das ist?
Brigitte	Bogenstrasse? Nein.
Peter	Ich gehe mit Ihnen.
Brigitte	Jetzt gleich?
Peter	Ja, jetzt gleich.
Brigitte	So ein Mann gefällt mir.

Words and Phrases

bitte sehr!	here you are
gern geschehen!	it was a pleasure
ich spiele Ball	I'm playing ball
Nerven (plural)	nerves
(die) Figur	figure
(die) Universität	university
ich muss sie nur noch tippen	I've only got to type it
über	about
Sagen Sie	tell me
nennen Sie mich	call me
studieren Sie gern Philosophie?	do you like studying philosophy?
lesen Sie gern?	do you like reading?
Bücher (plural)	books
nichts passiert	no harm done
ich mag diese Vase sehr gern	I like this vase very much
was trinken Sie gern?	what would you like to drink?
(das) Bier	beer
mögen Sie Obst?	do you like fruit?
ein bisschen sauer	a bit sour
süss	sweet
(der) Schlips	tie
jetzt gleich	right now
so ein Mann gefällt mir	that's the kind of man I like

SCENE B

A men's outfitter's. The tie counter.

Salesman	Gefallen Ihnen die Schlipse? Die mit Streifen?
Lady	Mit Streifen? Ja . . . vielleicht . . .
Salesman	(Pulling out a tie) Der da. Sehr schick.
Lady	Ich weiss nicht . . . hm . . . Das Muster gefällt mir nicht.
Salesman	(Shows her another) Gefällt Ihnen der Schlips vielleicht?
Lady	Ja, der Schlips gefällt mir. Er ist sehr schick.
Salesman	Hier bitte. (Gives it to her)
Lady	Ich nehme den Schlips.
Salesman	Sehr gut. Dreiundzwanzig Mark zwanzig (DM 23.20), bitte.
Lady	Einen Moment! Der da gefällt mir. (Points to another) Ja, den nehme ich! Oder vielleicht doch den? (Points to one she's holding)
Salesman	Ja . . .? Mögen Sie Streifen?
Lady	Nein, nein, nein. Ich mag Streifen nicht.
Salesman	Sie mögen Streifen nicht? Hm!

(Peter and Brigitte enter the shop)

Salesman	Guten Tag. Einen Moment nur.
Brigitte	Bitte sehr. Wir haben Zeit.
	(Peter and Brigitte watch. Salesman brings more ties for the lady)
Salesman	Bitte. Modern, sehr schick, sehr elegant.
Lady	Ja . . . vielleicht . . .
Salesman	Punkte? Grosse Punkte?
Lady	Nein . . . nein . . .
Salesman	Kleine Punkte? Punkte mit Streifen, Punkte ohne Streifen?
Lady	Nein. Die da gefallen mir nicht.
Salesman	Breite Schlipse?
Lady	Nein, nein . . .
Salesman	Schmale Schlipse?
Lady	(Impatiently) Nein, nein. Die Schlipse sind nicht modern. Sie gefallen mir nicht. Vielleicht . . .
Salesman	Vielleicht ein englischer Schlips?
Lady	Ja, natürlich! Englische Schlipse sind sehr schick, sehr elegant.
Salesman	(To Brigitte) Entschuldigen Sie mich einen Moment.
Brigitte	Aber bitte sehr! Wir haben Zeit.
	(Salesman brings more ties)
Salesman	Sie mögen englische Schlipse? Hier sind Schlipse direkt aus England.
Lady	(Picks out several, shakes her head) Die englischen Schlipse gefallen mir nicht . . . nein . . . nein . . . nein. Nicht hübsch, nicht elegant, nicht modern.
Salesman	Aber . . .
Lady	Guten Tag!
Salesman	Auf Wiedersehen, auf Wiedersehen. (He quickly takes a pill)
Salesman	(To Brigitte) Es ist die Aufregung. Entschuldigen Sie bitte. Nun, mein Fräulein?
Brigitte	Ich möchte einen Schlips kaufen.
Salesman	(Apprehensive) Einen Schlips? Also . . . vielleicht den . . . oder den da . . . (Without conviction) Sehr schick . . .
Brigitte	Der da! Der da gefällt mir. Peter, was sagen Sie?
Peter	Ja, er gefällt mir auch. Mir gefallen die Streifen. Sehr hübsch.
Brigitte	Also ich nehme den Schlips bitte!
Salesman	Sie kaufen den Schlips?
Brigitte	Ja, bestimmt!
Salesman	(Swallows another pill) Entschuldigung. Es ist die Aufregung!

Words and Phrases

gefallen Ihnen die Schlipse?	do you like these ties?
mit Streifen	with stripes
vielleicht	perhaps
schick	smart
ich weiss nicht	I don't know
das Muster gefällt mir nicht	I don't like the pattern
ich nehme den* Schlips hier	I'll take this tie
grosse Punkte, kleine Punkte	big dots, small dots
breit	wide
schmal	narrow

46

ohne	without
es ist die Aufregung	it's the excitement
ich möchte einen* Schlips kaufen	I'd like to buy a tie
der da gefällt mir	I like that one
bestimmt	definitely

* With the verbs **nehmen** and **kaufen** the pattern described in Chapter 6 applies — **der** becomes **den**, **ein** becomes **einen**, **kein** becomes **keinen**.

EXPLANATIONS

1   Like and dislike of doing things

Studieren Lesen	Sie	**gern**	**?**

Ich	studiere lese	**gern** **nicht gern**

Or more complex:

Studieren			Philosophie	
Sind	Sie	**gern**	Journalist	**?**
Trinken			Whisky	

Ich	studiere		Philosophie
	bin	(nicht) **gern**	Journalist
	trinke		Whisky

2   Like and dislike of food
Like and dislike of objects in general

Mögen Sie (gern)	Obst englische Schlipse	**?**

Obst Englische Schlipse	**mag ich**	**gern** **nicht gern**

3 Like and dislike of specific objects

Gefällt	Ihnen	der Schlips	?
Gefallen		die Schlipse	

Der Schlips		
Der da (that one)	**gefällt**	
Er (it)		**mir** (nicht)
Die Schlipse	**gefallen**	
Die da (those)		
Sie (they)		

N.B. You can use **mein(e)** and **Ihr(e)** when practising these sentences, e.g. **mein Schlips, Ihr Schlips**

PRACTICE

Exercise 1
Using the master sentences from the explanation section beginning on the previous page and the additional sets of words below, construct questions and answers about your likes and dislikes.

(1a)
Segeln Sie?	sail
Ich segle	
Tanzen Sie?	dance
Ich tanze	
Arbeiten Sie?	work
Ich arbeite	
Fliegen Sie?	fly
Ich fliege	

(1b) Spielen Sie
Ich spiele
Fussball	
Geige	violin
Tischtennis	table-tennis	(?)
Trompete	trumpet
Karten	cards

(2)
Sauerkraut	
Schweinefleisch	pork
Kalbfleisch	veal
Eier	eggs
Schlagsahne	whipped cream
Miniskirts	
moderne Musik	

(3)
die Jacke	the jacket
das Hemd	the shirt
der Mantel	the coat
der Hut	the hat
das Kleid	the dress
der Anzug	the suit
die Schuhe	the shoes

8-Acht

Arranging to meet someone

SCENE A

	Peter's flat. Telephone rings.
Peter	(Answering) Peter Hennings — ja, Peter Hennings. Ja, ich bin der Journalist Peter Hennings. Aber — aber wer sind Sie?
	(Telephone box in the Hauptbahnhof)
Rudolf	Ich heisse Heinrich Rudolf. Ich bin Student. Wir müssen uns treffen. Ich habe eine sensationelle Nachricht für Sie. Haben Sie heute abend Zeit? Heute abend!
Peter	Ja, ja, ich habe heute abend Zeit. Was für eine sensationelle Nachricht? Wie bitte? Ach so . . . Wo treffen wir uns? Wo? Im Eingang zum Hauptbahnhof?
Rudolf	Nicht im Eingang. In der Bahnhofshalle. Nicht vor dem Hauptbahnhof. Im Hauptbahnhof.
Peter	Wo im Hauptbahnhof? Der Hauptbahnhof ist gross, wissen Sie!
Rudolf	Ich weiss. Sie nehmen den Haupteingang. Dann rechts. Da sind Kioske. Tabak, Zeitungen, und so weiter. Dann kommen Fahrkartenschalter. Gegenüber dem ersten Fahrkartenschalter ist eine Telefonzelle. Eine nur. Wir treffen uns vor der Telefonzelle. Um 6 vor der Telefonzelle.
Peter	Einen Moment. Sie sagen ‚Fahrkartenschalter'. Es gibt sehr viele Fahrkartenschalter im Hauptbahnhof.
Rudolf	Die Telefonzelle gegenüber dem ersten Fahkartenschalter. Also um 6.
	(Rings off)
Peter	(Looking at his notes) Kiosk, Schalter, eine Telefonzelle . . .
	(Peter opens door, Steinle is passing)
Peter	Herr Doktor, Herr Doktor . . .
Steinle	Ja Peter, was ist los?
Peter	Können Sie mir helfen?
Steinle	Ja natürlich.
Peter	Ich muss einen Mann im Hauptbahnhof treffen. Vor der Telefonzelle gegenüber dem ersten Fahrkartenschalter.
Steinle	Warten Sie mal! Die Telefonzelle gegenüber dem ersten Fahrkartenschalter . . . Haben Sie ein Stück Papier?
Peter	Moment mal. (Gives him paper)
Steinle	(Drawing) Also sagen wir: das ist der Hauptbahnhof. Das ist der Eingang. Hier rechts sind Kioske. Da ist der Fahrkartenschalter. Und hier gegenüber ist die Telefonzelle. Ist das klar?
Peter	Ja, ja, klar, ganz klar.
Steinle	Sie sehen, ich bin kein Leonardo da Vinci.
Peter	Vielen Dank, Herr Doktor.
Steinle	Gern geschehen.

Words and Phrases

wer?	who?
ich heisse	my name is
wir müssen uns treffen	we must meet

eine sensationelle Nachricht	sensational news
heute abend	this evening
was für ein(e)	what kind of
wo treffen wir uns?	where shall we meet?
im Eingang	in the entrance
in der Bahnhofshalle	in the station concourse
vor dem Hauptbahnhof	in front of the central station
Sie nehmen den Haupteingang	you go in the main entrance
(der) Tabak	tobacco
und so weiter	and so on, etc.
Fahrkartenschalter (plural)	ticket offices
gegenüber dem ersten Fahrkartenschalter	opposite the first ticket office
vor der Telefonzelle (die)	in front of the phone box
um 6	at 6 (o'clock)
was ist los?	what's the matter?
warten Sie mal	wait a moment
ein Stück Papier	a piece of paper
klar	clear
ganz	quite

SCENE B

Hauptbahnhof. Peter in front of the telephone box, the sketch in his hand.

Peter Stimmt. Das stimmt ganz genau. Kioske. Die Telefonzelle. Aber, wo ist Herr Rudolf?

(A woman stops in front of the phone box. She has a letter in her hand. She looks at Peter, goes over to him)

Hoppe Guten Abend. Ich bin Greta Hoppe.

Peter Wie bitte? Wer sind Sie?

Hoppe Greta Hoppe. Guten Abend, Herr Becker.

Peter Mein Name ist Hennings.

Hoppe Nicht Becker? Ach! Ich habe eine Verabredung mit einem Herrn Becker.

Peter Hier im Bahnhof?

Hoppe Vor der Telefonzelle.

Peter Vor der hier?

Hoppe Ja, vor der hier. Gegenüber dem Fahrkartenschalter. Aber Herr Becker ist nicht da.

Peter Er kommt bestimmt noch. Ich warte auch, wie Sie sehen.

Hoppe Wir warten beide. Ich glaube, Herr Becker kommt nicht. Sie sind ein sympathischer Herr.

Peter Sie sind eine sehr sympathische Dame, aber ich habe keine Zeit. (Leaves)

Hoppe Ach, wie schade!

(Peter's flat. The telephone is ringing as he returns)

Peter (Lifts receiver) Ja? Hennings. Rudolf? Herr Rudolf? Wo sind Sie? Wo? Ich komme zum Bahnhof, warte und warte, und wo sind Sie?

(The telephone box)

Rudolf Es tut mir leid. Es tut mir wirklich leid! Bitte glauben Sie mir! Können wir uns noch heute abend treffen? Es ist sehr wichtig.

50

	Verstehen Sie, sehr wichtig!
Peter	Nicht im Bahnhof, Herr Rudolf! Wo? Weinstube Ritzmann? In der Schlüterstrasse? In der Nähe der Universität? Ja, ich kenne das Lokal. Was? Nein, mein Lieber. In der Weinstube, nicht vor dem Eingang.
Rudolf	Ja, noch etwas, Herr Hennings. Sie kommen allein, nicht? Allein, hören Sie?
Peter	Kommen Sie allein? Kommen Sie auch allein?

Words and Phrases

das stimmt	that's right
genau	exactly
(der) Name	name
ich habe eine Verabredung mit	I've an appointment with …
wie Sie sehen	as you see
wir warten beide	we're both waiting
ein sympathischer Herr	a nice man
es tut mir leid	I'm sorry
glauben Sie mir	believe me
können wir uns … treffen?	can we meet?
wichtig	important
ich kenne das Lokal	I know the place
hören Sie?	you hear?

EXPLANATIONS

Arranging to meet someone

1 **Wir treffen uns …**   We'll meet …

2 When you want to use expressions like 'in the', 'at the', 'in front of the/a', 'opposite the/a', the pattern of the German is:

With **DER**-words and **DAS**-words:

IN (in)	⟶	IM (in the)	Hauptbahnhof (der) Hotel (das)
AN (at)	⟶	AM (at the)	Flughafen (der) Kino (das)
VOR (in front of)	⟶	VOR DEM VOR EINEM	Eingang (der) Kaufhaus (das)
GEGENÜBER (opposite)	⟶	GEGENÜBER DEM GEGENÜBER EINEM	Fahrkartenschalter (der) Café (das)

With **DIE**-words:

IN	→	IN DER	Weinstube (die)
AN	→	AN DER	Ecke (die)
VOR	→	VOR DER VOR EINER	Telefonzelle (die)
GEGENÜBER	→	GEGENÜBER DER GEGENÜBER EINER	Milchbar (die)

When to meet

eins	1
zwei	2
drei	3
vier	4
fünf	5
sechs	6
sieben	7
acht	8
neun	9
zehn	10
elf	11
zwölf	12

Wann treffen wir uns?　　　　　UM
(When shall we meet?)　　　　　　(at)

Wie spät ist es?　　　　　　　ES IST
(What time is it?)　　　　　　　(it's)

N.B. More precise times will
be taught in a later chapter.

PRACTICE

Exercise
Arrange to meet someone at the places shown on the map. Begin by supplying
the answers to these questions.

　　　Haben Sie heute nachmittag/abend Zeit?
　　　Gehen wir tanzen/essen/spazieren?
　　　Wann treffen wir uns?
　　　Wo treffen wir uns?
　　　Wo ist das?
　　　Wie komme ich dahin?

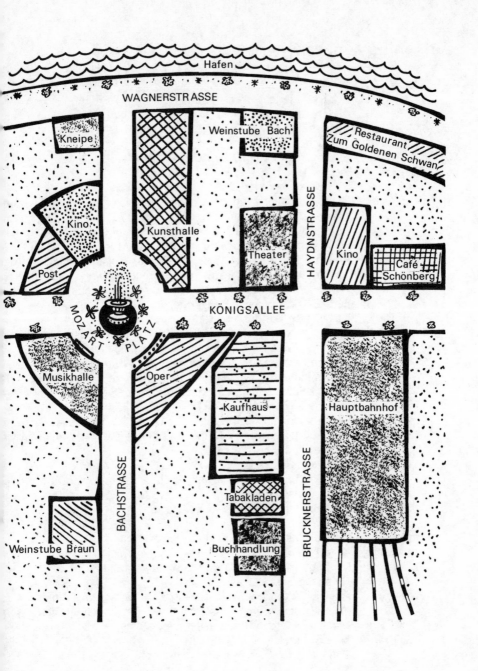

9-Neun

Planning a journey

SCENE A

A travel agency. Frau Kranz is looking at a brochure about Italy. A clerk approaches her.

Clerk	Bitte sehr?
Frau Kranz	Also ich . . .
Clerk	(Offers her a chair) Bitte nehmen Sie Platz!
Frau Kranz	Vielen Dank!
Clerk	Eine Reise nach Italien?
Frau Kranz	Nein, leider nicht. Ich fahre nach München. Das ist weit genug.
Clerk	Weit? Aber meine Dame, was heisst weit? Flugzeug, Eisenbahn, Bus. Heute geht alles so schnell. Sie steigen ein. Sie trinken eine Tasse Kaffee, und schon sind Sie in München.
Frau Kranz	Aber bis München ist es sehr weit. Das weiss ich noch von der Schule her. Wo liegt München? München liegt im Süden, Herr Professor. Wie weit ist es von Hamburg bis München? Achthundert (800) Kilometer, Herr Professor.
Clerk	Das wissen Sie noch heute?
Frau Kranz	(Showing off) Wo liegt Köln? Köln liegt in Westdeutschland, am Rhein. Wie weit ist es von Hamburg bis Köln? Dreihundertfünfzig (350) Kilometer, Herr Professor.
Clerk	350 Kilometer? Wirklich? Einen Moment bitte! (Checks in book) Stimmt! Unglaublich! 350 Kilometer bis Köln. Sie wollen also nach München reisen?
Frau Kranz	Ich habe dort eine Tante, eine alte Dame. Ich muss sie besuchen.
Clerk	Wollen Sie direkt nach München fahren? Oder wollen Sie noch andere Städte besuchen?
Frau Kranz	Noch andere Städte?
Clerk	Sie haben doch bestimmt einen Onkel, sagen wir, in Köln oder am Bodensee?
Frau Kranz	Ich habe eine Freundin in Konstanz.
Clerk	Na sehen Sie.
Frau Kranz	Und ich habe einen Cousin in Frankfurt.
Clerk	Na sehen Sie.
Frau Kranz	Ich habe viele Freunde und Verwandte, in jeder Stadt.
Clerk	Na sehen Sie.
Frau Kranz	Aber ich kann doch nicht nach Köln und nach Frankfurt und nach München und Konstanz fahren. Das kostet ein Vermögen.
Clerk	Machen Sie eine Rundreise, meine Dame.
Frau Kranz	Eine Rundreise?

(He starts to show her a large map of Germany)

Words and Phrases

eine Reise nach Italien?	a trip to Italy?
ich fahre nach . . .	I'm going to . . .
genug	enough
was heisst weit?	what's far?
(das) Flugzeug	plane

(die) Eisenbahn	rail
heute geht alles so schnell	everything's so fast nowadays
Sie steigen ein	you get in
bis München ist es sehr weit	it's a very long way to Munich
wo liegt . . . ?	where is . . . ?
im Süden	in the south
wie weit ist es von . . . bis . . . ?	how far is it from . . . to . . . ?
Sie wollen nach . . . reisen ?	you want to travel to . . . . ?
eine Tante	an aunt
eine alte Dame	an old lady
besuchen	visit
andere Städte	other towns
(der) Onkel	uncle
(der) Bodensee	Lake Constance
(die) Freundin	lady friend/girl friend
na sehen Sie	you see
viele Freunde und Verwandte	many friends and relatives
in jeder Stadt	in every town
das kostet ein Vermögen	that costs a fortune
eine Rundreise (die)	round trip

SCENE B

Frau Kranz is asleep in the kitchen. She's dreaming. There's a heap of travel brochures on the table.

Clerk	Kranz!
Frau Kranz	Ja, Herr Professor?
Clerk	Sie reisen von Hamburg nach München. Wo liegt München?
Frau Kranz	München liegt im Süden, in Bayern.
Clerk	Gut. Wie weit ist es von Hamburg bis München?
Frau Kranz	Ach, ich glaube . . .
Clerk	Sie glauben? Sie glauben?
Frau Kranz	Vierhundert (400) Kilometer? Nein? Fünfhundert (500)!
	(Clerk shakes his head)
Frau Kranz	Sechshundert (600) Kilometer?
Clerk	600 Kilometer. Richtig. Weiter.
Frau Kranz	Ich fahre von Hamburg über Hannover, über Göttingen.
Clerk	Sehr gut, Kranz! Über Göttingen und —
Frau Kranz	Über Würzburg, über Augsburg, München.
Clerk	Richtig!
Frau Kranz	Ich kann auch eine Rundreise machen.
Clerk	Rundreise, Kranz, Rundreise?
Frau Kranz	Ja, Herr Professor. Ich fahre von Hamburg nach Köln, dann den Rhein entlang, dann zu meiner Freundin nach Konstanz.
Clerk	Konstanz, Kranz, Konstanz?
Frau Kranz	Konstanz am Bodensee. Ich fahre über Konstanz nach München. Von München fahre ich zurück nach Hamburg. Ich fahre, ich fahre . . .
	(Peter comes in, sees Frau Kranz asleep, turns to leave. Frau Kranz wakes up)
Frau Kranz	Herr Hennings! Kommen Sie doch herein. Ich bin ja wach.
Peter	(Looks at the travel brochures) Sie fahren weg, Frau Kranz?
Frau Kranz	Ja, ich muss meine Tante in München besuchen.
Peter	Und das hier? (Points to the brochures)

Frau Kranz	Vom Reisebüro. Was soll ich bloss machen? Direkt nach München fahren oder eine Rundreise machen?
Peter	Frau Kranz, darf ich einen Vorschlag machen?
Frau Kranz	Ja bitte.
Peter	Sie machen keine Rundreise. Sie fliegen nach München Neunzig (90) Minuten und Sie sind da. Einfach! Komfortabel!
Frau Kranz	Komfortabel?
Peter	Ja, und schnell.
	(A knock at the door)
Brigitte	Störe ich?
Frau Kranz	Kommen Sie nur herein, Fräulein Schröder.
Peter	Brigitte! Frau Kranz will nach München fahren.
Brigitte	Da fahren Sie am besten mit dem Bus. Gemütlich und billig Und schön langsam.
	(Knock at the door)
Frau Kranz	Herein!
	(Steinle opens door)
Steinle	Eine Konferenz? Störe ich?
Frau Kranz	Natürlich nicht, Herr Doktor.
Peter	Frau Kranz fährt nach München.
Steinle	Was? Na, ich gratuliere. Schöne Stadt, München. Wie reisen Sie nach München?
Peter	Mit dem Flugzeug!
Brigitte	Nein, mit dem Bus!
Steinle	(Considers) Warum nicht mit der Bahn? Mit dem Schlafwagen Gemütlich, komfortabel. Was sagen Sie dazu? Na, Frau Kranz?

Words and Phrases

Sie reisen	you are travelling
Bayern	Bavaria
über	via
zurück	back
wach	awake
(das) Reisebüro	travel agency
was soll ich bloss machen?	what shall I do?
darf ich . . . ?	may I . . . ?
einfach	simple
komfortabel	comfortable
will . . . fahren	wants to go
*mit der Bahn	by rail, by train
am besten	best
gemütlich	nice, pleasant
billig	cheap
langsam	slow
(die) Konferenz	conference
Sie fährt nach München	she is going to Munich
*mit dem Schlafwagen (der)	by sleeper
was sagen Sie dazu?	what do you say to that?

* After mit, der, die and das change form:
  with der- and das-words you say mit dem
  with die-words you say mit der

EXPLANATIONS

How to ask where places are

Wo liegt	Hamburg München der Bodensee	**?**

München Hamburg Der Bodensee	liegt	nördlich östlich von hier westlich südlich
		in Norddeutschland Süddeutschland

How to ask about distances

Wie weit ist es von	hier	bis	Berlin Osnabrück zum Bodensee zur Küste	**?**

Ungefähr . . . . Kilometer (about)

How to ask the best way to get to . . .

Wie komme ich	am besten dorthin	**?**

Sie fliegen	am besten dorthin

OR

Sie fahren	am besten	mit der Bahn mit dem Bus	dorthin

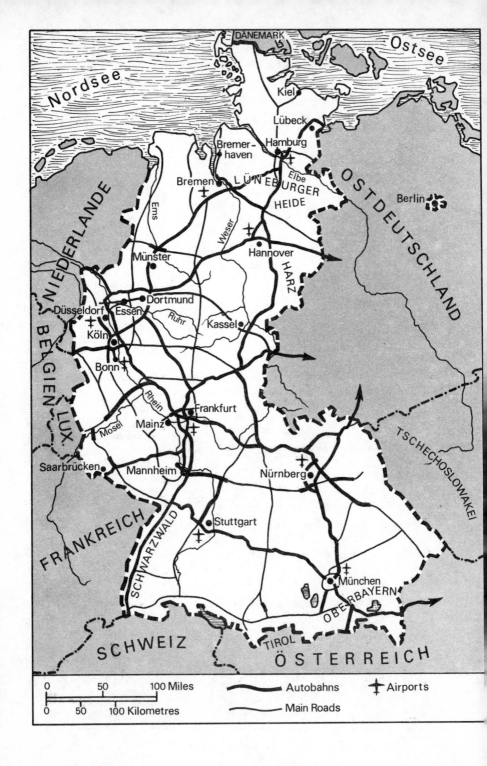

Describing a route

Sie fahren	**über** München
Sie fliegen	(via)

OR

Sie **nehmen**	die Autobahn	**nach** München
	Bundesstrasse 13 . . .	

PRACTICE

Exercise

Use the map opposite to devise a conversation about a journey:

> E.g. A Wo liegt (Mannheim)?
> B (Mannheim) liegt . . .
> A Wie weit ist es von hier bis (Mannheim)?
> B Ungefähr . . .
> A Wie komme ich am besten dorthin?
> B Sie . . .

10-Zehn

Revision

SCENE A

The landing. Brigitte is on a stepladder putting up decorations for a party. Susi and Peter come up the stairs carrying French bread, bottles etc.

Susi   (Noticing Brigitte) **Ah, Fräulein Schröder!**

Brigitte   **Guten Tag! Bitte nennen Sie mich doch Brigitte.**

Susi   **Guten Tag, Brigitte.**

Brigitte   **Gefällt Ihnen das?**

Susi   (Grudgingly) **Ja, o ja . . . sehr komisch.**

Brigitte   **Peters Idee . . .**

Susi   **Wirklich? Peter, das ist eine prima Idee! Das gefällt mir sehr. Kann ich auch etwas tun?**

Peter   **Du kannst nicht nur, du musst! Bist du meine Freundin oder nicht? Los! Marsch!** (Susi and Peter go into Peter's room. They put down the provisions) **Was zuerst?**

Susi   **Zuerst: aufräumen.** (She looks at the typewriter and papers on his desk) **Bitte nimm doch die Sachen weg.** (Peter clears the desk of papers, as she empties the groceries on to it. He looks for somewhere to store the last batch of papers)

Susi   (Offering empty grocery bag) **Hier rein.**

Peter   (Puts the papers into the bag) **Und das?**

Susi   (Indicates) **Dahin!**

Peter   (Puts bag behind divan) **Und jetzt!**

Susi   **Brot schneiden. Wo ist ein Messer?**

Peter   **Susi, wir können das alles in der Küche machen.**

Susi   **Und Frau Kranz?**

Peter   **Frau Kranz ist doch in München.**

Susi   **Ach ja! Gehen wir also. Alles wieder einpacken.** (Peter gets bag from behind divan, tips the papers out, starts to repack the groceries)

(The hall. Brigitte is putting the final touches to a poster. Peter and Susi pass on their way to kitchen. Dr. Steinle comes downstairs)

Steinle   **Du lieber Himmel!**

Brigitte   **Wie gefällt Ihnen das Plakat, Herr Doktor?**

Steinle   **Es gefällt mir. Nicht schlecht.**

Brigitte   **Aber auch nicht gut.**

(Kitchen. Peter is cutting bread)

Susi   **Peter, kommt Brigitte auch?**

Peter   **Selbstverständlich!**

Susi   **Ach so!**

Peter   **Was ist los? Magst du Brigitte nicht?**

Susi   **Nein, ich mag sie nicht. Ich kann Sie nicht leiden.**

Peter   **Warum magst du sie nicht?**

Susi   **Sie ist so . . .** (makes haughty gesture)

Peter	Quatsch! Du bist so ... (imitates gesture)
Susi	Ich?
Peter	Ja, du. Du machst ein Theater.
Susi	Musst du immer so schreien?
Peter	Ich schreie nicht!
	(The landing. Steinle is watching Brigitte put up decorations)
Steinle	Und was macht die Philosophie heute?
Brigitte	Nichts. Ich kann einfach nicht arbeiten.
Steinle	Warum nicht?
Brigitte	Ich weiss nicht. Ich bin so nervös.
	(Peter and Kurt come up the stairs carrying bottles)
Peter	Darf ich vorstellen. Mein Freund Kurt Bauer. Fräulein Schröder. Herr Doktor Steinle.
Kurt	Guten Tag.
Brigitte Steinle	Guten Tag.
Peter	Entschuldigen Sie uns bitte. (They go into Peter's room)
Brigitte	Entschuldigen Sie mich auch, Herr Doktor.
Steinle	Selbstverständlich. (Brigitte goes into Peter's room)
	(Peter's room)
Brigitte	Ich muss bald weg.
Peter	Sie müssen weg? Aber Sie kommen doch zur Party, nicht?
Brigitte	Natürlich. Aber ein bisschen später. Sagen Sie, haben Sie alles?
Peter	Nein, noch nicht. Wir haben keine Oliven, keine Würstchen und keine Papierservietten.
Kurt	Ich gehe. Wo gibt es hier in der Nähe einen Feinkostladen?
Peter	Also: du gehst erst rechts, dann zweite Strasse links und dann ...
Brigitte	Ich gehe. Ich weiss, wo der Laden ist.
Peter	Aber nein, Brigitte!
Brigitte	Ich tue es gern.
Kurt	Ich komme mit. Ich habe ein Auto.
Brigitte	Sie haben ein Auto? So ein Mann gefällt mir!

Words and Phrases

tun	do
du kannst nicht nur, du musst!	you not only can, you must
bist du?	are you?
Los! Marsch!	get going!
aufräumen	clear away
nimm die Sachen weg	take the things away
dahin	over there
Brot schneiden	cut bread
(das) Messer	knife
(die) Küche	kitchen
alles wieder einpacken	pack it all up again
du lieber Himmel!	good heavens!
(das) Plakat	poster
nicht schlecht	not bad
selbstverständlich	of course

magst du sie nicht?	don't you like her?
ich kann sie nicht leiden	I can't bear her
(der) Quatsch	nonsense
du machst ein Theater	you're making a fuss
musst du immer so schreien?	must you always shout?
ich schreie nicht	I'm not shouting
nervös	nervous
vorstellen	introduce
ein bisschen später	a bit later
noch nicht	not yet
Oliven (plural)	olives
Würstchen (plural)	sausages
Papierservietten (plural)	paper serviettes
ich tue es gern	I'll do it willingly
(das) Auto	car

EXPLANATIONS

Du is used if you're talking to your family or to close friends. To anyone else you use **Sie**.

Note the usual verb endings:

du	Sie
Magst du Brigitte nicht?	**Mög**en Sie Brigitte nicht?
Musst du immer so schreien?	**Müs**sen Sie immer so schreien?
Du machst ein Theater!	Sie mach**en** ein Theater!
gehst	gehen
kommst	kommen
spielst	spielen

PRACTICE

Exercise
Complete the dialogues below:

(a)   Lady   Kann ich hier parken?
          Policeman
          Lady   Wo kann ich denn parken?
          Policeman
          Lady   Wie komme ich am besten zum Rathausmarkt?
          Policeman
          Lady   Vielen Dank!
          Policeman

(b)   Man   Sie können Trompete spielen?
          Girl
          Man   Können Sie gut spielen?
          Girl
          Man   Ach, das glaube ich nicht. Bitte spielen Sie doch.
          Girl
          Man   Ach, natürlich können Sie spielen.
             (The girl plays)
          Man

(c)

Man	Sie müssen gehen?
Girl	
Man	Sie müssen nach Hause?
Girl	
Man	Sie müssen arbeiten?! Muss das sein?
Girl	
Man	Sie müssen immer arbeiten. Schade.
Girl	
Man	Ich? Ich muss nicht arbeiten. Gott sei Dank nicht!

(d)

Salesman	Gefallen Ihnen die Schuhe?
Lady	
Salesman	Und die hier? Die gefallen Ihnen doch bestimmt.
Lady	
Salesman	Und die hier?
Lady	
Salesman	Ja, aber natürlich gefallen sie mir.
Lady	
Salesman	Zahlen Sie bitte an der Kasse.

(e)

1st man	Mögen Sie Gulasch?
2nd man	
1st man	Mögen Sie denn Frikassé?
2nd man	
1st man	Gulasch mögen Sie nicht. Frikassé mögen Sie nicht. Mögen Sie vielleicht Irish Stew?
2nd man	
1st man	Ja, was mögen Sie denn?
2nd man	
1st man	Was, sowas mögen Sie?

NUMBERS

eins	1	vierundzwanzig	24
zwei	2	fünfundzwanzig	25
drei	3	sechsundzwanzig	26
vier	4	siebenundzwanzig	27
fünf	5	achtundzwanzig	28
sechs	6	neunundzwanzig	29
sieben	7	dreissig	30
acht	8	vierzig	40
neun	9	fünfzig	50
zehn	10	sechzig	60
elf	11	siebzig	70
zwölf	12	achtzig	80
dreizehn	13	neunzig	90
vierzehn	14	hundert	100
fünfzehn	15	zweihundert	200
sechzehn	16	dreihundert	300
siebzehn	17	vierhundert	400
achtzehn	18	fünfhundert	500
neunzehn	19	sechshundert	600
zwanzig	20	siebenhundert	700
einundzwanzig	21	achthundert	800
zweiundzwanzig	22	neunhundert	900
dreiundzwanzig	23	tausend	1,000

hunderteins	101
zweihundertsiebenunddreissig	237
dreihundertneunundachtzig	389
neunzehnhundertsiebzig	1970

Key vocabulary for comprehension passages

Programme 1

es ist gemütlich	it's very nice, homely
ich muss auspacken	I must unpack
ich heisse	my name is
ich wohne oben	I live upstairs
er wohnt da	he lives there
sehr angenehm	pleased to meet you
es ist spät	it's late
(der) Kurzschluss	shortcircuit
Streichhölzer (plural)	matches
(der) Tisch	table
(der) Stuhl	chair
(das) Licht	light

Programme 2

immer dieselben Witze	always the same jokes
gestohlen	stolen
ich kann nicht laut sprechen	I can't shout
meine Stimme	my voice
in der Oper	at the opera-house
nicht drängen !	stop pushing !
dort drüben	over there
rufen Sie die Polizei	call the police
zweihundert Mark	two hundred marks (about £20)
verschwinden Sie !	Clear off !

Programme 3

Ihre zwei Artikel	your two articles
zu kompliziert	too complicated
zu viel Phantasie	too much imagination
zu lang	too long
kurz	short
einfach	simple
ich möchte	I'd like
vielleicht	perhaps
der grosse Gast	the important visitor
Brötchen (plural)	rolls
bald	soon
in ein paar Minuten	in a couple of minutes
(er) ist noch nicht hier	(he) isn't here yet

Programme 4

Störe ich nicht ?	I'm not disturbing you ?
ich muss nachdenken	I must do some thinking
allein	alone
wie spät ist es ?	what time is it ?
Entschuldigung	excuse me
möchten Sie	would you like

(das) Eis	ice-cream
ich weiss	I know
(der) Hunger	hunger
(der) Durst	thirst

Programme 5

(die) Erkältung	a chill
(der) Husten	cough
(der) Schnupfen	a cold
unmöglich	impossible
krank	ill
niemand	nobody
weil	because
gesund	healthy
besuchen	to visit
gute Besserung!	I hope you'll soon be better
unglücklich	unhappy

Programme 6

ist das nötig?	is that necessary?
nicht so laut	not so loud
fabelhaft	fabulous
eine wichtige Konferenz	an important meeting
morgen	tomorrow
fliegen	to fly
zurück	back
wissen Sie, wo ich gewesen bin?	do you know where I've been?

Programme 7

brauchen Sie die Maschine?	do you need the typewriter?
schreiben	to write
langsam	slowly
(die) Verabredung	appointment
in einer halben Stunde	in half an hour
das Ganze dauert . . .	the whole thing will last . . .
(das) Kleid	dress
(das) Gesicht	face
denken an	to think of

Programme 8

regen Sie sich nicht so auf!	don't get so excited
draussen	outside
Herr Ober, zahlen bitte!	waiter, the bill, please!
bleiben Sie doch!	don't go
erzählen	to tell

Programme 9

(der) Nachtzug	overnight train
ich kann mir nicht vorstellen das . . .	I can't imagine that . . .
einladen	to invite
(das) Paket	parcel
(die) Tante	aunt
umtauschen	to change
zurückgeben	to give back
sich überlegen	to think over
(die) Fahrkarte	ticket
sich ausruhen	rest
fliegt ab	takes off

Programme 10

ich ziehe mich gerade um	I'm just changing
(der) Reissverschluss	zip
lecker	delicious
eifersüchtig	jealous
vernünftig	sensible
lustig	funny
warum sieht man dich nie?	why do we never see you?
hoffentlich	I hope so
keine Angst	don't worry
müde	tired

Vocabulary

The plural form of nouns is indicated in brackets.

e.g. die Antwort (-en) plural: die Antworten
der Anzug(⸚e) plural: die Anzüge

A

abbiegen to turn off
der Abend(-e) evening
aber but
ach oh, I see, really
Achtung! look out!
allein alone
alles everything
also well, so
alt old
der Amerikaner(-) American
an at
anbieten to offer
das Andenken(-) souvenir
anderer, andere, anderes other
annähen to sew on
die Ansichtskarte(-n) picture postcard
die Anstrengung(-en) strain, exertion
die Antwort(-en) answer
der Anzug(⸚e) suit
der Apfel(⸚) apple
der Appetit appetite
die Arbeit(-en) work
arbeiten to work
die Armbanduhr(-en) wristwatch
auch also
auf on
aufräumen to tidy up
die Aufregung(-en) excitement
aus made of, out of, out
auspacken to unpack
das Auto(-s) car
Auto fahren to drive a car

B

die Bahn(-en) railway
der Bahnhof(⸚e) station
die Bahnhofshalle(-n) concourse
bald soon
der Ball(⸚e) ball
die Bank(-en) bank, bench
Bayern Bavaria
bei at, near
beide both
das Bein(-e) leg
bekommen to get
bestimmt definite(ly)
der Besuch(-e) visit
besuchen to visit

das Bier(-e) beer
billig cheap
bis to
das Bisschen bit
das Blatt(⸚er) leaf, page
die Blume(-n) flower
der Bodensee Lake Constance
breit wide
der Brief(-e) letter
die Briefmarke(-n) stamp
die Brille(-n) spectacles
das Brot(-e) bread, loaf
der Bruder(⸚) brother
das Buch(⸚er) book
die Bundesstrasse(-n) trunk road
der Bus(-se) bus

C

das Café(-s) café
der Cousin(-s) cousin

D

da there
dahin over there
die Dame(-n) lady
danke thank you, thanks
dann then
dein your (familiar form)
denn then
dick fat
der Doktor(-en) doctor
der Dom(-e) cathedral
dort there
draussen outside
dritte third
dort drüben over there
du you (familiar form)
dünn thin

E

die Ecke(-n) corner
das Ei(-er) egg
ein a, one
einfach simple
der Eingang(⸚e) entrance